不失敗父母

——日本第一名師水谷修的50句教養真心話

子育てのツボ
夜回り先生50のアドバイス

Mizutani, Osamu
水谷 修——著
廖文斌——譯

文經社
COSMAX PUBLISHING Co.
Since 1981
Taiwan

請告訴孩子……

這世上所有的美好
與潛伏的醜陋

用愛和溫柔
讓孩子堅強挺立

父母的愛，是孩子一生的養分

推薦文

讀完本書，心中有許多溫暖與感動，決定放在床頭時時溫習……。水谷老師這50句真心話，句句暮鼓晨鐘，為人父母若沒讀到，將是一大損失!!而我慶幸在孩子還小時拜讀了，可以好好實行之……。

小熊媽　親子作家；〈家在婆娑美麗處：小熊部落〉格主

教養是一段相當細膩的陪伴過程，閱讀《不失敗父母——日本第一名師水谷修的50句教養真心話》，讓父母在教養孩子這段路途上，能夠感受到一股安心、放心與貼心的共鳴。同時透過溫柔對待，找到屬於自己的教養格調。

王意中　王意中心理治療所所長；〈王意中部落格〉格主

每個孩子都可能遇到軟弱、孤獨、落難和迷途的時候，甚至有病痛、失敗或接近絕望與死亡的時候，這時難免會懷疑生命的意義和存在的價值。身為最親近的父母，有沒有及時發現孩子發出SOS的求救信號，或只是粗心的忽略過去，錯失了伸出援手的機會，可能會影響他往後一生的命運。不少家長都會遇到教養上頭痛的問題，真誠推薦您閱讀本書，相信您將可以從水谷修充滿經驗的談話中，獲得輔導孩子的信心與啟示。

胡順成 《每天給自己按一個讚》作者；資深兒童週刊主編

我很佩服水谷修老師一針見血又簡單扼要的論點。這是一本談論家教的書，我喜歡他把祖父母也包括到孩子的整個家庭教育裡，也把家庭整個的互動視為最重要的環節：如建議爸爸參與學校活動，如邀請孩子的朋友回家玩，如讓孩子知道父母親工作的辛苦，如接觸公園的細菌是不要緊的，如做家事的重要，如讓孩子當父母的家教，如家裡有困難時問孩子的想法和意見……等等。他不拐彎抹角，直接地告訴你：不要過分保護孩子，但絕對要以過人的耐心陪伴孩子長大。

我給水谷修老師按個讚！

獅子老師　鋼琴老師和作家；獅子老師音樂作坊負責人；獲三屆美國藝術教育「最佳啟蒙老師獎」

（本推薦文依推薦者姓氏筆劃排列）

教養是一件不容失敗的事情

身為一位教職人員，我接觸過許多父母，也有過身為人父教養孩子的經驗。另外，還當過「夜巡老師」，與許多在夜世界中四處搗亂的孩子、被悲傷擊垮的孩子、以及踏上不歸路的孩子的父母關係匪淺。

每當我遇到引發問題的孩子的父母時，總是會忍不住感嘆：「他們真是不懂得如何教養孩子呀！」特別認真的父母甚至會因為扣錯鈕扣這樣的小事，深深傷害自己孩子的心。我看過一件又一件這樣的案例，以他們作為反面教材，學到了身為父母真正需要具備的教養孩子的智慧。還知道為了教出善解人意的孩子，父母必須為孩子做哪些事情。

天底下的父母都認為自己孩子最可愛，並且真心希望他們得到幸福。不過，這樣的想法不但常常落空，有時候反而還會害了孩子。

當孩子不願意上學時，母親溫柔地說：「可以啊，今天就休息吧。不過明天一定要去學校。」當孩子隔天還是不想上學時，就說：「今天去兜風轉換一下心情吧。」到了下個禮拜，孩子還是沒有去學校。然後母親在考試前一天卻這麼說：「你為什麼不去學校，這樣不是會被留級嗎？」

實際案例中的母親並沒有這麼過份，但是這個孩子卻認為「是我害媽媽變得跟鬼一樣」而責備自己，然後他的心就真的生病了。

這種時候，如果父親能夠參加教養孩子的過程，並懷著全家人一起等待孩子的耐心和勇氣，孩子就會出人意料的輕易恢復精神。如果想要改變孩子，我們這些身為父母或即將成為父母的大人，就必須去注意問題並加以改變。

本書上寫著足以稱為教養真心話的具體建議。

隨著孩子的成長階段改變，教養孩子最有效的方法也會改變。因此，本書是以幼兒時期、小學時期、國中時期、高中時期、引發問題時的五個部份架構而成。

不過，如果你的孩子已經升上國中，卻在小學時期的項目裡發現自己當時沒對孩子做過的事，請不要認為「我家孩子已經來不及了」而放棄希望。只要從現在開始做起就行了。教養孩子絕對沒有「已經來不及了」這種事情。

另外，我還對各位父母有著許多的期望，也必須說些嚴厲的話。因為我認為教養孩子是不容許失敗的事情，也是大人孕育新生命的重要職責。

請務必利用這本書幫助你教養孩子。然後，我衷心希望能夠透過這本書讓更多孩子露出笑容。

二〇一〇年十月

水谷 修

目次

推薦文 6

序言 教養是一件不容失敗的事情 9

第一部 當孩子還小時

1 盡量多和孩子親密接觸 18

2 給予孩子認識更多孩子的機會 21

3 讓孩子與高齡長輩交流 24

4 借助自己父母的力量 27

5 讓孩子每天接觸美麗的風景 29

6 讓孩子接觸溫和的音樂與美麗的影片 32

7 讓孩子在大自然中玩耍 35

8 給予孩子親近動物的機會 39

9 朗讀繪本或童話故事給孩子聽 41

10 配合孩子的步調 44
11 製造讓孩子當主角的機會 47
12 夫妻不要在孩子面前吵架 50

第二部 孩子升上小學以後

13 每週和孩子排成「川」字同睡一晚 54
14 全家人在假日時過著作息正常的生活 57
15 招待孩子的朋友 60
16 讓自己孩子看看父母工作賺錢的身影 62
17 父母必須每天花上一小時讀書 65
18 由父母主動為他人服務 67
19 與鄰居保持親密的關係 70
20 父親也要參加學校活動與教學觀摩 73

21 每個月都去盡情運動一次 75
22 決定輪值表讓孩子參與家事 78
23 讓孩子嘗試獨自旅行 82
24 讓孩子面對熟人的死亡 85

第三部 孩子升上國中以後

25 不要讓孩子在晚上使用遊樂器、手機和電腦 90
26 決定孩子每個月的零用錢 94
27 每天用溫柔的語氣誇獎孩子三十次 97
28 責罵之後一定要陪在孩子身邊 100
29 每週向孩子打聽一次他們在學校裡遇到的事情 103
30 父母有錯時要乾脆地向孩子道歉 106
31 珍惜全家人一起用餐的時間 109
32 父母要明確地表現出喜怒哀樂 112

33 把孩子介紹給自己朋友 115
34 挑個早上帶孩子到夜晚的繁華街 118
35 利用家族旅行讓孩子體驗歷史與文化 120

第四部 孩子升上高中以後

36 決定家裡的門限 124
37 找時間讓孩子幫自己上課 127
38 全家人一起討論時事 130
39 讓孩子每週負責準備一次晚飯 133
40 難過時就尋求孩子的意見 136
41 讓孩子知道自己家裡的經濟狀況 139
42 教孩子辦理公事的手續 142
43 絕對不要把父母的理想強加在孩子身上 145

第五部　孩子引發問題時

44 不要獨自煩惱，可以多找別人商量　150

45 全家人一起思考家庭的問題　154

46 把家裡整理乾淨　157

47 孩子做的事情責任一定要由父母來扛　159

48 不要悶在家裡，全家人一起走向自然　161

49 不管發生什麼事都要原諒自己孩子　163

50 父母要擁有等待的勇氣　165

後記　169

第一部

當孩子還小時

1 盡量多和孩子親密接觸

帶孩子感受與人相親的溫暖

某位知名的小兒科醫生曾經告訴我：

「孩子一輩子的溫柔與活力來自於兩歲之前的人生。兩歲前被父親和母親抱著或背著的次數與時間，以及是否和爺爺奶奶有過親密接觸，將決定那個孩子的一生。」

我認為那位小兒科醫生說的話是事實。

明治維新時期來到日本的外國人記者們，看到日本孩子時都感到驚訝不已。

「日本的孩子是全世界最美麗的一群孩子。因為他們的眼睛閃閃發亮，而且信賴大人。走在街上，可以看到母親或奶奶珍惜地抱著或背著小嬰兒，像是在保護著他們般的景象。當我們這些外國人走過去看看嬰兒時，那些

婦女會把小嬰兒交給我們，像是在說『請抱抱這孩子』一樣。街上充滿了孩子的笑容，父親和爺爺們則在一旁守護著這些笑容。

日本是所有人都珍惜著孩子的國家。所有被珍惜的孩子們，眼睛都閃爍著光芒，是最美麗的孩子。」這是他們寫下的報導。

這些都是事實。透過孩提時代直接的肌膚相親，而認識父母的愛情與溫暖，就會成長為心靈安定又溫柔孩子。

拜託各位擁有年幼孩子的父親和母親，希望你們能夠從今天開始抱抱自己孩子，就算一天只抱幾分鐘也無所謂。請你們陪他睡覺，也希望你們能看著孩子的眼睛並握住他的小手。

因為認識父母的溫暖，將帶給孩子迎向未來的力量。

2 給予孩子認識更多孩子的機會

培養孩子的交友能力

日本很流行「公園出道」這樣的社交活動。

這種活動就是抱著嬰幼兒或是推著嬰兒車前往公園，然後父母們聚在一起討論育兒煩惱或是發發牢騷，有時候也可能會比較一下自己孩子和其他孩子的成長情況。

這種活動，不只對父母親們有幫助。對於孩子們來說，也是非常重要的活動。

不過很可惜的是，有非常多的孩子終日躺在公寓房間的床上，整天看著電視或錄影帶，完全沒有跟別人接觸的機會。

其實，與許多小朋友接觸成長的孩子所具有的生存能力，跟完全沒有與人接觸的孩子完全不一樣。

小孩子們一起遊玩必定會發生衝突和爭吵。不過，他們也會得到互相安慰和互相著想的機會。孩子們可以從中自然學到，如何與同世代的人接觸交流，並建立同伴意識與替別人著想的心。

這正是父母應該讓孩子們實際體會的東西。這些經驗將會變成孩子們的交友能力。

現在有許多孩子缺乏交友能力，整天窩在家裡不去上學。一旦回朔這些孩子們的過去，可以發現這些孩子絕大多數，都沒有在幼年時期到公園或兒童館與同世代孩子遊玩的經驗。

如果父母親有在上班，也可以利用傍晚或假日的時間來做這件事情。請帶著孩子前往公園，盡可能多為他們製造與同世代孩子們認識的機會。

3

讓孩子與高齡長輩交流

給予孩子發自內心的安全感

現在日本有許多孩子心理都出現了毛病，其原因之一便是核心家庭帶來的問題。大部份的家庭裡都沒有爺爺和奶奶，全家人就只有雙親與孩子而已，孩子與大人接觸的機會也因此大幅減少。

如果家裡有爺爺和奶奶，就算在父母忙碌的時候，他們也能陪在孩子身邊並給予許多親密接觸。

還有，父母生氣時，孩子也能求助於爺爺奶奶，得到暫時的避風港。失去這個最後的避風港，對於孩子們造成的損失是難以衡量的。

日本現在是超高齡社會，每個地區都有非常多的老人。請一定要讓孩子多和這些老人們交流。因為他們是人生的大前輩，而且還有養育孩子的豐富經驗，請試著和他們商量教養孩子時的煩惱，或是問看看：「你覺得我家的孩子如何呢？」之類的問題。如果反過來被年長者主動搭話，也可以讓他們抱抱孩子。一旦被大人們細心對待，孩子也會得到「原來自己很重要」這樣的自我肯定。

其實老人就是孩子的最佳夥伴。

人類從出生後就開始一直不斷成長，在社會上闖蕩了一圈後，便會慢慢老化，逐漸衰老的過程彷彿返老還童。老人的生活步調較為緩慢，這一點也和小孩子們非常相似。

對於孩子們來說，老年人慢慢思考、慢慢行動的生活步調，不但是一種休息，也是一種安寧。請盡量多讓孩子們擁有這種悠閒的時光。

4 借助自己父母的力量

為孩子深植溫柔的心

請不要只想依靠夫妻兩人的能力養育孩子，試著借助自己雙親的力量吧。

我的演講會上會出現許多爺爺奶奶級的聽眾。這時我一定會拜託他們：

「如果各位有居住在遠方的孫子，可以定期打電話給他們嗎？從孫子出生到升上小學三年級為止的期間，請務必每天打一通電話。」

但是，幾乎所有的老人家都會這麼說：

「就算打電話給剛出生沒多久的小嬰兒，他們也什麼都聽不懂吧。」

聽不懂也無所謂。只要拜託兒子或媳婦把話筒輕輕放到嬰兒耳邊，然後以爺爺或奶奶的身分這樣說：

「我是〇〇的爺爺喔，你好嗎？」、「我是最喜歡小〇〇的奶奶

喔！」、「要乖喔，當個乖小孩。」就行了。

就算只是透過電話，小孩也能每天聽到爺爺和奶奶的溫柔話語，這將會在幼兒心裡種下一輩子份的溫柔與活力。

5 讓孩子每天接觸美麗的風景

讓孩子的心靈更豐富

我每天早上都會散步三十分鐘。

在進行夜巡與郵件輔導的過程中，我每天都會聽到孩子們「我想死、我好想死」這樣的哀號並接觸他們的痛苦。為什麼我會要在早上散步呢？這是因為我要藉由接觸美麗的事物，緩和自己快要認輸、快要倒下、快要壓抑不住怒火的心。在草叢裡找到不知名的小花，或是在市中心聽到鳥叫聲，都能讓我一天的心情好上許多。

請務必盡量讓孩子在幼年時期就多接觸美麗的風景。接觸美麗的事物，能夠豐富孩子的眼睛與心靈，也能讓孩子們得到求生的韌性與溫柔的心。只要握緊孩子的手，告訴他們那些花鳥的名字，找些話語形容你們親身感受到的事情就行了。

然後，等到孩子稍微長大一些以後，可以請父母們每天早起二十分鐘嗎？就算只有五分鐘也好，帶著全家人一起到外面走走，試著尋找美麗的事物吧。

試著讓全家人的一天從「今天的天空好藍」、「那朵雲好像奶油麵包」、

「那隻叫聲很好聽的鳥叫做什麼名字呢？」、「這朵花的名字是什麼？」之類的對話開始。

令人感嘆的是，日本的社會充滿了焦慮。父親與母親每天都被時間追著跑，到了公司則是被工作追著跑。不過，並不是只有大人如此，小孩子們也是一樣。他們也會在幼稚園和托兒所裡受到傷害，拚命使用腦袋和身體過日子，所以也會感到疲憊。

正因為現在是人們失去悠閒的時代，所以欣賞美麗事物並聆聽美妙聲音才會變得更重要，悠閒的時光將會豐富孩子們的人生。

6 讓孩子接觸溫和的音樂與美麗的影片

培養孩子心靈的安定性

在幼年時期聽重搖滾或節奏快速的音樂，會讓孩子們的感情變得不安定。

雖然對孩子比較不好意思，但是如果可以的話，請試著多給他們聽一些莫札特、民謠或演歌之類的音樂。聽到重搖滾樂的孩子，應該會因為不安而哭泣；反之，聽到莫札特的孩子，可能會因為安心而緩緩睡著。

換成影片也是一樣。你是否曾經沒想太多，就在幼兒面前觀賞血液四處飛濺的影片，或是輕易殺人的電視節目呢？這樣的影片和聲音，會帶給還不會說話的年幼孩子心靈造成什麼樣的影響呢？請你務必仔細思考這個問

題。

只要世界上還存在著表演自由與視聽自由，就無法禁止這些東西。不過，至少請在孩子不在身邊的時候，才欣賞吵鬧的音樂和暴力的影片。和孩子在一起時，最好是顧慮一下身旁的小孩，選擇欣賞能夠讓孩子心靈平靜的溫和音樂或影片。

為了孩子們將來的心靈安定性，這是非常重要的事情。

不光是莫札特，請試著多找些溫和優雅的音樂吧。另外，還要讓孩子看些感動人心的美麗影片，這也會讓父母們的心靈變得更安穩。

7 讓孩子在大自然中玩耍

培養孩子求生的韌性

一旦演講之間有些空檔，我就會到會場附近的公園走走。

我會坐在長椅上呆望著我最喜歡的孩子們的身影，還有父母與孩子們玩耍的景象。前些日子我看到了這樣的場面。

小朋友蹲下來想要摸摸土，母親立刻說：「那很髒，不要摸！」接著小朋友搖晃著身體走進草叢，卻立刻被訓斥：「會弄髒衣服！」這實在不是好事。

其實，當我在高中從事教職工作時，就曾經接觸過許多有潔癖的學生。這些孩子們一定要用酒精消毒過，才敢碰觸桌子和椅子，連跟別人握手都不敢。

這些有潔癖孩子們的共通點，就是小時候幾乎沒有在大自然中玩耍的經

驗。他們幾乎不曾玩到一身泥巴、在海邊追逐波浪、或是在河裡踩水追趕小魚玩耍。

可是，就算他們有潔癖，未來的漫長人生也不可能生活在完全沒有細菌的環境之中。在人生的過程中，難免會遇到必須碰觸土壤、跨入大海或河川的情況。希望各位父母親能夠仔細思考這個問題。

帶孩子出門時弄髒衣服確實很麻煩，父母可能也是擔心孩子弄濕身體、弄髒車子。不過，像這樣與大自然接觸，可以讓孩子們得到求生的韌性。

請試著擁有一顆寬潤的心，在孩子們玩得一身泥巴回家時說聲：「玩得開心嗎？」並在他們玩到全身濕透時笑著說聲：「該不會跑去玩水了吧！」

我還相信一件事情。

我一直觀察著，會在假日帶全家人到山上或河邊遊玩的戶外派父母，以及到遊樂園的遊戲中心或購物中心遊玩的室內派父母，然後發現了一件事情。戶外派父母的孩子們比較不容易變成拒絕上學、心靈扭曲、被人欺負、犯下過錯的學生。

戶外派的孩子們透過使用自己的身體和頭腦，得到了在大自然中生存的韌性。而且因為從小就一直接觸弱小的細菌，所以免疫能力也會比較強。這個道理也能套用在人際關係上。一旦遭遇細微的惡行並與之對抗，就能培養孩子不向其低頭認輸的心靈抵抗力，同時鍛鍊孩子的心。因此，想必他們也能克服侵蝕孩子們的心病和別人的欺負吧！

請盡量多讓孩子們接觸土壤、大海或河川這樣的自然環境。

8 給予孩子親近動物的機會

培養孩子為他人著想的心

雖然很多家庭都有飼養小貓或小狗之類的動物，但是相對的，討厭讓孩子們接觸動物的父母也變多了。一旦孩子伸出手想要摸摸動物，就會立刻說：「牠們很髒，趕快住手！」或「萬一被咬會很痛喔。」之類的話出言阻止。

不過，對於沒有兄弟姊妹的獨生子女來說，與小動物接觸會讓他們初次認識比自己弱小的存在。他們還會體認到自己是能夠支配他人的存在。對於孩子們來說，這是他們學習生命價值，以及如何和比自己幼小的孩子相處的最好機會。

就算不在自己家裡飼養動物也沒關係。請盡量多給孩子在沒有籠子的地方親近小動物的機會。

透過讓孩子直接和小動物接觸，他們就能自然培養出為脆弱生命著想的心。

9 朗讀繪本或童話故事給孩子聽

培養孩子的想像力

當父母忙於做家事或工作時，是不是會讓孩子一個人觀看自己喜歡的影片或電視節目呢？

再也沒有比這更危險的事情了，因為孩子們只能夠一味地接受單方面傳過來的話語和畫面。電視和影片是完整的媒體，正因為一切內容都是完成品，所以其中沒有可以留下思考的空間，而剝奪孩子們的想像力。

因此拜託各位父母，請務必朗讀繪本或童話故事給孩子們聽。

一天只要三十分鐘就夠了，請讓孩子坐在膝蓋上，一頁一頁慢慢地唸出聲音帶著他們一起讀書。聽著最喜歡的爸爸媽媽說故事，看著漂亮的插畫，就能讓孩子融入繪本和童話故事的世界中。

繪本和童話故事是不完整的媒體。紙面上就只有文字和插圖而已，所以

孩子必須用自己的想像力為其賦予生命才行。

繪本和童話故事中，包含作者的強烈愛情與思念，是為了培養孩子的倫理觀念與溫柔內心而製作出來的。請務必前去書店看看繪本和童話故事書。

為孩子朗讀繪本與童話故事的過程，就是培養孩子的豐富心靈與想像力的重要時間。

10 配合孩子的步調

享受「孩子的時間」

當我在鎌倉散心時，曾經遇到一幕令人難過的場面。

一對父母帶著六歲和三歲左右的孩子走在路上。不過，母親卻說出：「你在慢慢走什麼啦！我們接著還要去長谷寺耶。之後還要去看大佛像，動作快一點！」這種話，還對孩子發火。

孩子們拚命跟在父母親身後，最小的孩子被拉手拖著走，看起來一臉難受，這樣是不行的。

孩子們有孩子自己的時間。過去曾經有一位教師前輩這麼對我說：

「水谷修，如果你想當個好老師，就必須理解孩子們的時間。如果班上有四十位學生，其中就會有四十種不一樣的時間。某些孩子的時間很緩慢，不只理解事情的速度慢、說話的速度慢，就連走路的速度都慢。另一方面，

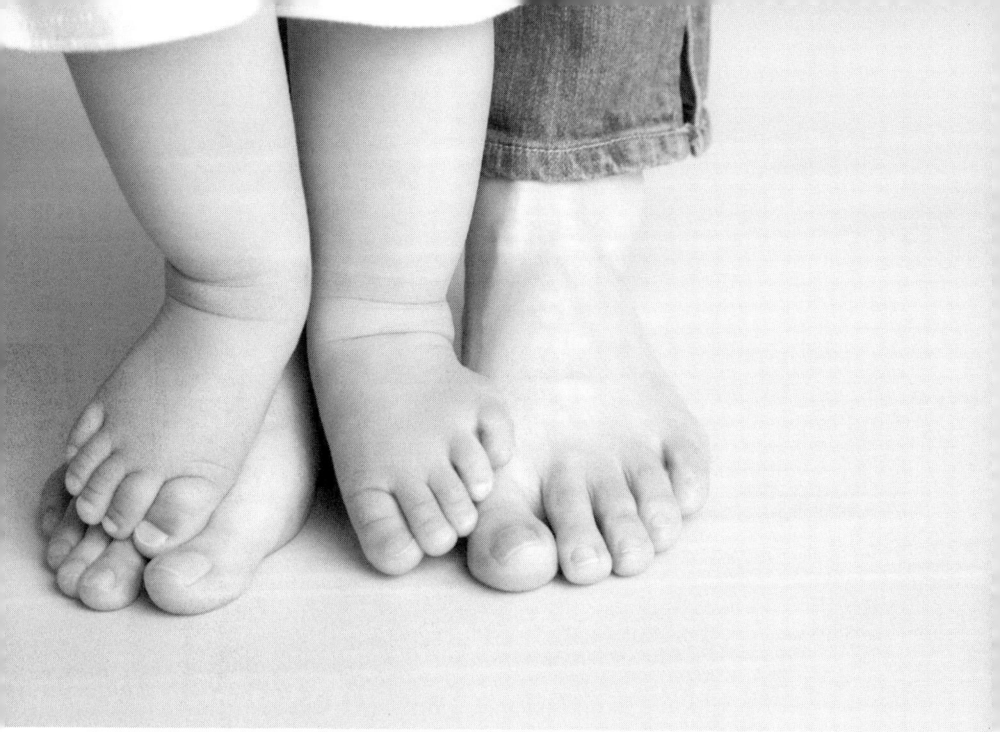

某些孩子卻能夠迅速理解事情，有著較佳的行動力，腦袋轉得也比別人更快。

不過，不管哪一位孩子都是重要的學生。只要在剛開始時配合遲緩孩子的步調上課，到了那一年的最後一節課時，就能讓全班的孩子都能夠理解課程。」

希望父母親也能理解這個道理。

孩子的時間與行動步調和父母不一樣。大人的理解速度快，手腳又長，所以行動速度也快。不過，小朋友的身體比較小，沒有辦法隨心所欲地迅速完成所有事情。

全家一起出門時，請試著配合「孩子的時間」度過一整天吧。讓孩子走在前面，父母親配合他們的步調慢慢跟著走。如果可以用自己的步調走路，孩子也會感到開心。

如果不是這樣的話，孩子們就只是被迫不斷趕路，感覺像是被人拉著到處跑，而完全不會感到開心。舉例來說，明明全家人好不容易來到鎌倉看大佛像，孩子們卻只會留下「好累」、「好討厭」這樣的回憶。

如果為人父母，就應該要有配合「孩子」時間的餘裕才對。

11 製造讓孩子當主角的機會

緩和孩子的壓力

孩子並不是家庭這個圈子的中心。因為父母親其中一人必須外出工作，或是兩人一起工作賺錢，所以每天從早上起床到晚上就寢的一切活動，都是圍繞著大人的圈子進行。

因此，父母親很容易以自己為中心來思考孩子的問題，把自己的價值觀強加在孩子身上。比如說，父母親可能會認為，對孩子做出自己小時候希望父母親做的事情，就是對孩子而言最大的幸福。

其實，日本現在的大多數父母都是用命令的方式教育孩子，結果造就了許多沒有父母命令，就不知道該如何行動的被動孩子。為了讓孩子具備自行思考的能力，並避免剝奪他們的創造性與活力，父母親應該多待在孩子身旁但卻什麼都不做。

請多製造以孩子為主軸、讓孩子自由活動一整天的機會吧。就算兩個禮拜只有一天也行，告訴孩子：「你是今天的主角喔！」然後那一天就陪伴孩子直到他們滿足為止。父母親要一直跟著孩子身邊，並尊重孩子的願望。孩子叫聲：「爸爸！」就抱抱他。孩子說：「來玩吧！」就拿著玩具走過來和他一起玩。孩子想去外面就陪他一起去，在他想回家之前都一直待在外面。只要這樣就夠了，這樣就能夠安定孩子的心。

被寄放在幼稚園或托兒所等地方的孩子們，八成都是依照設施本身的規定，配合固定的行程表度過一整天。這樣會對孩子們造成非常大的壓力。從早到晚都讓孩子自由活動的一天，必定可以緩和他們的壓力。

12 夫妻不要在孩子面前吵架

讓孩子得到相信別人的力量

我要問問各位父母：

「你們曾經在孩子面前吵架，或是說彼此的壞話嗎？」

我想大部份的人都會回答「有」，這真是令人難過。

多年來，我輔導過許多不願意上學的孩子或被人欺負的孩子。他們都有著一項共通點：那就是小時候每天都會看到父親和母親吵架，或是聽他們互相說彼此的壞話。

對於年幼的孩子來說，父母是人生中第一次遇見的大人。孩子會從這些大人身上學習生命的喜悅、生活方式、做人處事的方法與道德心等各式各樣的東西。然後，父親和母親是他們在世界上最重要、最親愛的人。如果這兩個人在孩子面前吵架或互相謾罵，那將會對他們幼小的心靈造成多大的傷害呢？

有過這種經驗的孩子會害怕大人，總是畏畏縮縮。一旦他們長大一點進入小學，就會被身旁的孩子們看成是「膽小鬼」而受到欺負，然後因為一點小事就封閉自己的心，困在自己的殼中走不出來。結果他們就因為這樣的一點小事，變成不願意上學、足不出戶的孩子了。

拜託各位父母以及即將要為人父母的人。

絕對不要在孩子的面前吵架或爭執。希望你們想想這樣的行為，會在孩子心裡留下多大的傷害，畢竟大家都是人，一定會有意見上的衝突。不過，在孩子看不到的地方吵架是為人父母的基本禮儀，也是非得遵守不可的最低限度規則。

然後，如果可以的話，請多讓孩子看看你們互相著想與關懷彼此的模樣。這樣就能讓孩子懂得相信別人的重要性，並學會互相關愛的美德。

第二部

孩子升上小學以後

13 每週和孩子排成「川」字同睡一晚

製造親子容易對話的環境

我覺得日本的標準小孩房間具有太多功能了。小孩房間裡不但有床和書桌，有時候甚至連電視都有。因此，除了吃飯時間之外，孩子幾乎都窩在自己房間裡面，讓父母和孩子相處的時間越來越少。

不過，我年輕時流浪過的歐洲並不是這樣。當時，在照顧我的德國家庭裡，雖然孩子們都有自己的房間，但他們還是會坐在客廳沙發上和家人一起看電視，或是在客廳的桌上寫功課，即使到了現在也沒有改變。

在家裡讓小孩有一間用來睡覺的房間，並讓他們在父母看得到的地方遊玩或唸書，原本應該是最理想的情況。

不過就現實層面來說，由於父母與孩子都已經習慣這種模式的小孩房，所以應該很難改變這樣的現況。

既然如此，我希望各位父母至少要做到這件事情。

就算每週只有一天也好，請製造機會讓全家人排成「川」字睡在一起。如果真的不方便的話，就算兩週一次也行，在父親提早回家的日子，全家人一起吃完晚餐並帶著棉被在客廳裡集合。然後父親和母親兩人把孩子夾在中間一起睡覺，就像是「川」這個字一樣。在進入夢鄉之前，可以全家人一起躺在棉被上玩遊戲、下棋或是看電視。

這種時候請多聽聽孩子說話。在父母抱怨完公司或工作上的事情之後，只要稍微等一下，就能聽到「我在學校裡被人欺負」、「我的朋友被人欺負」等孩子平常不會輕易說出口的事情。

以前的日本，不管哪一個家庭，都看得到像這樣全家共寢的光景，請各位父母務必重拾這種舊有的優良家庭傳統。

14 全家人在假日時過著作息正常的生活

不要破壞孩子的生活步調

你在假日時是否過著作息正常的生活呢？

許多日本家庭一到了假日就會變得非常懶散，因為大人們從星期一到星期五都忙著上班賺錢，所以會想趁星期六和星期日，好好補眠，度過悠閒的一天，我非常瞭解這種心情。

可是，正因為是假日，全家人更是應該過著作息正常的生活。特別是對於還想要向父母撒嬌、剛升上小學的孩子來說，父母是他們想要親近的大人。對這些孩子來說，每週只有一兩天的假日，是他們能夠一直黏著父母的重要日子。

因此，父母在假日時可以比平常晚一點起床，大概睡到早上七點或八點左右就好。全家人一起吃完早餐後，一起討論「今天要做些什麼事情」。我個人的建議是，全家人在週六或週日其中一天花上三、四小時到公園裡走走。孩子渴望與父母一起完成某些事情、一起歡笑或是做些運動。就算只是和孩子一起玩沙也好，踢足球或是打躲避球也行，教孩子玩一些父親小時候玩的遊戲（打陀螺等等）也不錯。

為了不破壞孩子們的生活步調，請多珍惜假日全家人一起度過的時光。

15 招待孩子的朋友

培養孩子的人際關係

請在不造成自己負擔的情況下，養成招待孩子朋友到家裡玩的習慣。對於父母來說，這是能夠瞭解自己孩子人際關係的重要機會。另一方面，招待孩子的朋友，也能讓他們記住你的長相。

建立這層關係是非常重要的事。比如說，當自己孩子被人欺負時，這些小朋友就會告訴你這件事情。或是當這些小朋友打算欺負你家小孩時，也會因為想起你的長相而不敢下手。也就是說，這能防止自己的孩子被人欺負。

事實上，許多被人欺負而不願意上學的孩子們的共通點，就是父母不允許他們帶朋友回家。因此他們才會變得不善於與人交際。

如果孩子們玩到肚子餓了，就在家裡請他們吃頓飯吧！這頓飯會成為孩

子未來的重要資產，而且不管是對父母還是對孩子來說，這都是無法用金錢衡量的巨大財富。

16 讓自己孩子看看父母工作賺錢的身影

讓孩子尊敬父母

父母總是誤以為孩子夠懂事，擅自認定孩子一定完全瞭解自己，而且總是尊敬著自己。

可是，孩子只能理解自己親眼見到或經歷過的事情，無法理解只有口頭說明的事情。小學生更是如此，他們很容易想太多，得到過於跳脫的結論。

比如說，如果父母帶著臭臉回家，在孩子的眼裡就會變成「爸爸好像碰到什麼不高興的事」。就算父親只是因為工作太累而心情不好，孩子也會擅自做出「因為爸爸生氣所以不說話」、「說不定是我惹爸爸不高興」這樣的推測。

如果要讓孩子理解自己，就必須讓他們看看自己的真實樣貌。為了讓孩子理解自己，請一定要讓他們看看父母工作時的模樣。雖然你可能會認為「不能讓孩子看到職場生活中的嚴苛面」，但這種想法其實是錯誤的。一定要讓孩子親眼見過，他們才會明白工作賺錢有多麼辛苦。

不管是什麼樣的工作，自己父母工作賺錢的身影，在孩子眼裡都是非常帥氣的。因為親眼見過並理解父母的工作，所以孩子才會知道要尊敬父母，並因此對父母刮目相看。

然後，請告訴孩子，自己的工作對

社會做出了什麼樣的貢獻。如果還能對孩子說：「因為有你們這些家人，所以不得不工作賺錢。不過我做出來的東西，卻對社會有這樣的貢獻。」讓他們明白，勞動這種義務與其中的意義就再好不過了。孩子會從中學到工作賺錢的偉大，以及必須珍惜金錢的想法。

對於孩子來說，父母是他們通往包含勞動、經濟與政治等問題大人社會的入口。父母可以從家庭生活為起點，帶領孩子走入社會，這是孩子沒辦法在課本上學到的東西。

17 父母必須每天花上一小時讀書

帶領孩子愛上學習

大部份的小學生都有因為考試分數不好，而被父母責備的經驗。

父母都明白孩子必須多讀點書。如果要在國土狹小又缺乏資源的日本討生活，孩子們就必須學習大量的知識與技術。只有這樣才能讓孩子們將來能夠過著安穩的幸福生活，為此必須讓孩子們多讀點書才行。

不過，我希望各位父母在命令孩子去讀書之前，能夠率先打開書本，讓孩子看看自己讀書的模樣。你可以每天花上一小時學習想進修的事物，也可以閱讀書本，或是夫妻倆一邊看新聞一邊討論時事。總之，就是要讓孩子看到自己認真學習的模樣。

請每天花上一小時讓孩子看到自己學習的模樣，讓孩子透過自己的眼睛與耳朵得到各種情報與知識，就能讓他們變成喜歡學習的孩子。

18 由父母主動為他人服務

培養孩子的公德心

當我在某個地方都市的便利商店買東西時，曾經被那裡的店長問：「水谷老師，你下次夜巡時可以順便到我們店門口走一趟嗎？」我問他：「為什麼？」他感嘆地說：「孩子們總是在店門口吃完買來的零食和泡麵，然後就直接丟下垃圾走人。現在的孩子到底是怎麼了呢？」

不在路上亂丟垃圾給別人添麻煩的公德心，已經慢慢地從孩子的身上消失了。

這是我們大人的責任。常常可以看到撿起路旁垃圾的大人，但是不會撿起眼前垃圾的大人也不少。可是，既然身為一個大人或父母，就必須做出能夠作為孩子榜樣的行動。一旦父母們在路上發現垃圾，就應該告訴孩子：「有人沒有公德心，垃圾就應該丟到垃圾桶才對。」然後親自把垃圾丟到垃圾桶中。

還有，如果搭乘電車時看到老人家站在眼前，就應該告訴孩子：「我們一起讓座吧！」並起身讓座。就算只需要讓一個位子，也要讓出兩個位子讓老人家坐得舒服些。

看到父母這麼做的孩子會去欺負別人嗎？會隨地亂丟垃圾嗎？一定不

會。如果要培養孩子們的公德心，最好的方法就是，讓他們看看父母為眾人付出的模樣。有一句俗話說得好：「孩子是看著父母的背影長大的」。

每當看見老人家手拿重物，我就會前去詢問：「需要幫忙嗎？」；每當看見行動不便的人站在樓梯或電梯前面煩惱，我就會前去說聲：「我來幫忙吧！」這種時候，附近的小孩子有時候也會跑來幫忙。一旦父母也來幫忙，然後說聲：「你好棒！」誇獎自己孩子，孩子就會開心地挺起胸膛。

我希望這個國家能夠充滿這樣的孩子。為了達成這個願望，請各位父母自己率先幫助老人、行動不便的人或遇到困難的人，讓孩子看看有公德心的父母吧！

19 與鄰居保持親密的關係

養育出溫柔親切的孩子

我想問問正在閱讀本書的讀者：

「你能說出幾位鄰居的名字？還有，這些鄰居是否知道你的孩子叫作什麼名字？」

現今日本的地域社會已經呈現出崩壞的狀態。居住公寓大樓這類集合式住宅的人，絕大多數都不曉得鄰居的家族結構與職業。而且因為少子化社會的影響，各個地區孩童人數也在逐漸減少。諸多因素累積而成的結果就是，孩子們目前的生活環境中人際關係變得越來越稀薄了。

我小時候居住的山形縣鄉下，大家庭非常普遍，每個家庭裡都有爺爺和奶奶，甚至連曾祖父和曾祖母都有。大家的生活都是以孩子為軸心，整個地區的人都會去小學的運動會幫孩子加油，然後孩子們會互相交換便當裡

的菜色並一同用餐。

可惜的是，現代的都市社區裡不可能重現這樣的環境。

不過，還是有我們力所能及的事。比如說，我們至少可以和大樓內同一層樓的幾戶人家好好相處。只需要在外出遠行或出差回來時，為鄰居帶些禮物就行了。如果對方表示無意與我們深交，我們也不需要和這樣的人打交道。

大人們在遇到認識的鄰居小孩時，經常會順便說聲：「你今天怎麼這麼沒有精神呢？」、「什麼事讓你這麼開心呢？」問候對方。這層關係可以保護孩子們遠離許多危險。不光是這樣，還能讓孩子們明白，相信他人的重要性。若能在小學時經常被週遭的大人問候，孩子們就會變得更溫柔親切。

因為父母兩人的能力有限，所以不妨借助街坊鄰居的力量吧。

20 父親也要參加學校活動與教學觀摩

提升父母的存在感

各位父親有參加過教學觀摩或其他學校活動嗎？

讓父母看到自己在學校上課活動的樣子，是孩子們最高興的事。另外，對於孩子們來說，父母也是他們的驕傲。

我在自己孩子還小的時候，參加過他們學校的教學觀摩。我女兒那時羞紅著臉拼命向我揮手。

而我自己在小學時代的六年裡，祖母總是會來參加教學觀摩的活動。不過，我那時非常羨慕爸爸和媽媽來參加活動的孩子。我還記得國一那年，母親第一次參加教學觀摩時，我又開心又驕傲地在上課時不斷舉手。

孩子的學校活動與教學觀摩，應該是全家人的重要活動。不要一味地把責任推給母親，父親也應該多參與學校活動，以及任何與教育孩子有關的活動。父母有到學校露面過的孩子不會被人欺負，因為家庭安定，所以孩子也不會變得不去上學。就算沒辦法每一次都參加，各位父親還是應該至少參加半數的活動。

21 每個月都去盡情運動一次

全家人一起享受成就感

現在有許多孩子都不曾完全用盡自己的體力與精神，稍微走一點路就說：「我累了。」稍微跑一段路就說：「我不行了。」總是選擇輕鬆的生活方式。不過，挑戰極限其實是件非常重要的事。

日本青年會議所（註：為了地區繁榮與孩子們的幸福，由二十歲到四十歲左右人們集結活動的組織）各地的義工，集合了許多不願上學和繭居在家的孩子，一起參加長達一百公里的健行活動。他們在途中借住於一般家庭或農場等地方，然後花上整整三天徒步健行。我也曾經參加過這樣的活動，許多孩子一開始都不斷發著牢騷，有些孩子甚至還會坐在路上耍賴不願起身。

不過，走完全程的時候，雖然大家都累得不成人形，臉上卻露出了很棒

的表情。將身體運用到極限的成就感，會為孩子帶來強大的活力，這些孩子就因為這個經驗而重新回到學校了。

請一定要讓孩子在小學時，就體驗這種成就某事所帶來的快樂。擁有這種經驗的孩子不會輕易被人欺負，也不容易變得不願上學，許多大人與孩子都忘記這樣的道理了。

請每個月盡情運動一次，直到身體動彈不得為止，就算地點就在家裡附近的小山也無所謂。比方說，定下「今天大家要一起走完十公里」的目標，然後別想太多一直走下去吧。

還有，請一定要「全家人」一起參

與這項活動。你家人中可能還有年幼的孩子，也可能會有身體不好的孩子，這時就必須配合年幼孩子與病弱孩子的步調前進。如果媽媽不小心扭到腳，就扶著她的肩膀前進吧。這段時光將會大幅強化全家人身為命運共同體的意識，在足球或棒球競賽中有一句話說：「吃過同一鍋飯的夥伴便是一輩子的朋友」，這會在隊員們的心裡產生強烈的羈絆。同理，全家人一起合力完成某件事情的成就感，也會加深家人之間的羈絆。

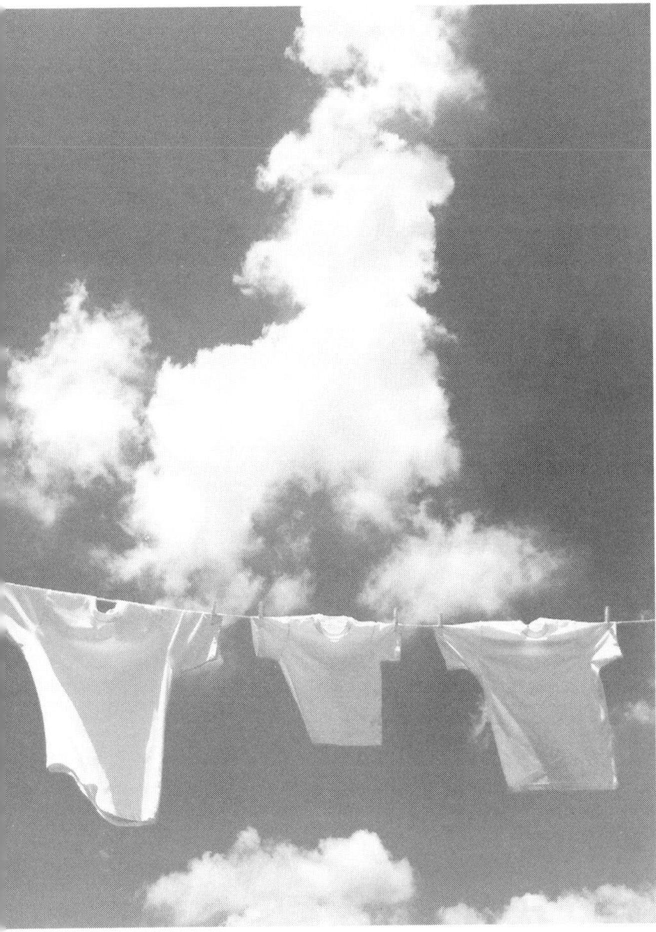

22

決定輪值表讓孩子參與家事

培養孩子必須完成某事的責任感

最近有很多家庭，都把孩子當成客人般對待。

不過，從前的日本孩子們在家裡都有屬於自己的工作。

菅原文太（註：活躍於一九七〇年代，代表作「無仁義之戰」電影系列。二〇一〇年宣布引退）是相當於我父執輩的演員。雖然文太先生出生於宮城縣，但他似乎從三歲開始，就一直做著幫田裡灌溉的工作。五歲之後就必須把家裡養的馬帶到河邊洗澡，然後收集牧草餵養牠們。我自己也是在小學放學後幫田裡灌溉，到了收割時期則到田裡拔菜回家準備晚餐。

家庭也是一個小社會。既然是一個社會，身為其中成員的孩子就必須跟著工作才行，因為「不工作的人就沒有飯吃」。

請準備好做家事的輪值表，讓全家人一起分攤家事吧。因為當孩子出了社會以後，也必須在自己所屬的行業裡，完成自己份內的工作。因此，為了在孩童時代培養這樣的責任心，就必須讓孩子養成每天確實做好自己被分配到的工作的習慣。

孩子就讀小學一年級時，可以讓他們幫花草澆水，藉此學會珍惜生命。

雖然也可以讓孩子在升上六年級之前，就開始幫忙把用過的餐具拿到廚房，但剛升上一年級的階段，還是先讓他們從筷子這種比較輕的餐具拿起就好。

孩子升上二年級後，可以讓他們收拾自己的玩具，藉此養成整理東西的習慣，也可以讓他們開始幫忙摺衣服。

孩子升上三年級或四年級後，可以讓他們幫忙打掃家裡，做些日常生活上的小事情，像是在更換紗窗或紙門時幫忙搬工具。

孩子升上五年級或六年級後，可以帶著他們一起煮飯。雖然父母親可能會因此變得更忙，還必須擔心孩子受傷或燙傷，但是讓孩子實際受些小傷，反而能夠提升他們的注意力並預防更嚴重的傷害。

另外，就算每週只有一次，也應該全家人一起聯手完成一件工作，這將會帶來有別於分工合作的樂趣。

比如說，可以在假日時全家人一起煮晚餐要吃的咖哩，或是進行大掃除或洗衣服，只要是全家人一起協力完成的工作都行。

目前的學校教育內容太過緊湊，無法為孩子提供這種聯合工作的經驗。為了在既定的時間內教完所有課程，學習速度快的孩子會不斷學到新東西，學習速度慢的孩子則會跟不上大家。

不過，在家庭中就不會有這種問題。因為父母可以和孩子一起慢慢完成一項工作，所以能夠讓孩子從中學到各式各樣的事情。

23 讓孩子嘗試獨自旅行

培養孩子的獨立性

能夠利用字典或書本調查各種事情、或是向別人請教自己不明白的事情的孩子越來越少了。我認為原因在於，孩子小時候凡事都是依照父母的指示行動，在成長過程中太過順遂了。

讓孩子遇到困難並自己克服，才能培養出他們的獨立性。為了達到這個目的，請試著在孩子升上小學高年級後，讓他們獨自外出旅行。首先應該確認孩子本人的意願。如果他們想去，就可以開始制定旅行計畫了。

可以在暑假、寒假或春假時，安排孩子前往父母老家、親戚家或遠方朋友家裡，做個四天三夜的旅行。雖然孩子免不了需要父母或接待者的協助，但還是應該避免讓孩子搭乘直達目的地的飛機或新幹線，而是讓他們搭乘需要轉車的火車或客運。由孩子自行調查各個交通機構的時刻表與轉車方

式，自行安排預算，然後自己整理行李出門旅行。當然，不要讓他們帶著手機或遊樂器，給他們帶書就行了，不過，漫畫書可不行。

外出旅行的孩子，心裡一定會覺得不安。身邊都是不認識的人，就連坐在隔壁的人也沒見過。孩子可以從中透過實際體驗，來學習與他人接觸的方法。如果遇到失敗，也只能自己設法解決，有時候還必須借助身旁大人的力量。不過，旅行的過程中總是會遇到很多親切的人，更何況是小孩子獨自旅行，一定會有許多親切的人願意為孩子提供幫助。

從車窗看到的景色也會教導孩子許多事情。而且，熟知某個地方的飲食文化與習俗，也能幫孩子瞭解孕育自己的土地。然後，最大的好處就是能夠培養出孩子的獨立性。

請看看獨自旅行後回到家裡的孩子。他們的眼神將會閃閃發亮，充滿了完成一件大事的自信心。

24 讓孩子面對熟人的死亡

告訴孩子生命的真實性

無法理解何謂死亡的孩子越來越多了。

有些孩子認為，人生就像虛擬世界裡的遊戲一樣，死亡之後只要重新啟動遊戲就能復活。而有些孩子，把死亡這種生物必須面對的悲哀宿命，當成是通往其他世界的入口，為了逃避現實而自己選擇死亡。更令人遺憾的是，有些孩子還會輕易地奪取別人的生命。

這樣的背景下，現在有許多的父母不曾讓孩子面對死亡。在核心家庭佔絕大多數的日本，大部份的孩子都沒有和祖父母住在一起。因此，孩子對於祖父母的親近感也較為薄弱，即使祖父母過世，也還是以學校和補習班的事情為優先，經常只有父母前去參加葬禮。還有，有些父母認為讓孩子看到死亡是件殘忍的事情，而向孩子隱瞞死亡這件事。不過，這樣真的對

嗎？

我的曾祖母在我五歲那年過世。

我現在依然清楚記得這件事情。我幫忙祖母清洗遺體，還幫死者穿上經帷子（註：日式葬禮時讓死者穿上的服裝）。曾經疼惜過自己的人的身體變得越來越冰冷，而身邊許多人，都難過地談論著自己與死者生前的回憶。我還在火葬場與死者做了最後的道別，也和大人一起撿拾白色的小塊遺骨。

可是，我從那天開始就變得害怕死亡，每晚都躲到祖母身旁睡覺。

當時我曾經埋怨過祖母「為什麼要

讓我做那種事情」不過，我現在非常感謝她。那次的實際體驗，讓我明白了死亡的可怕，也明白了生命消滅的哀傷。然後，我還學到了活著的美好與生命的寶貴。

我認為死亡是父母必須教給孩子的重要事情。就算是疼愛的寵物死亡也好、親戚的死亡也好，請一定要讓孩子面對死亡。然後父母還必須親自告訴孩子何謂死亡。這樣一來，孩子才會打從心裡明白生命的真實性與寶貴。

第三部

孩子升上國中以後

25 不要讓孩子在晚上使用遊樂器、手機和電腦

把孩子從虛擬世界帶回現實

我一直思考著一件事情。

如果沒有遊樂器、手機、網路和電子郵件，日本的孩子不知道會有多麼幸福？不知道會有多麼優秀？而孩子們會因為無聊而無法待在家裡，這也能夠解決八到九成的孩子，不願上學和繭居的問題。我還認為嚴重的霸凌問題與孩子們的心病也會消失一半。

為什麼要任由機械這種道具破壞我們的寶貝孩子呢？道具必須使用在正確的用途上才有其存在意義。以菜刀為例，它是做飯時用來切割食材的必備工具，可是，切割東西的工具也能夠變成殺人凶器。

孩子們手中的遊樂器、手機、網路和電子郵件，就如同三歲小孩手中的菜刀。父母不會輕易地讓三歲小孩拿菜刀，而會先花時間慢慢指導他們如何使用，在此之前，則會把菜刀放在孩子拿不到的高處，或是有上鎖的地方保管。不過，日本的父母卻在沒有好好指導與管理的情況下，就把遊樂器、手機和電腦交到孩子的手上。

也許這個時代很難不給孩子這些東西。如果是這樣的話，我希望至少要在家裡訂下規矩，不准孩子在半夜十一點到隔天早上六點之間，使用這些東西。

我們人類不是夜行性的動物，而是為了在太陽底下生活、工作、談話而生的。夜晚應該是睡覺的時間，所以我們的本能才會害怕黑暗。夜晚還會讓人的心靈變得不安定而容易感情用事。在這種感情不安定的夜晚中，進入遊戲或網路之類的虛擬世界，很容易讓人變得無法自拔。利用電子郵件或手機與人交流，有時候也會造成不必要的爭執、傷害別人、或是被人傷害。

經常有父母和小孩子約定「如果考試成績好就買遊戲給你」、「如果成績變好就買手機給你」，我只能說：這真是愚不可及的行為。這樣只會害他們成績又變差而已，並為此感到遺憾，父母們應該想得更遠一點才是。

26 決定孩子每個月的零用錢

讓孩子明白金錢的價值

孩子升上國中以後，請給他們零用錢。每個月的零用錢多寡，就看你家裡的經濟狀況來決定。不過，可不要給到五千元或一萬元這樣的高額零用錢。

讓孩子自己管理這些零用錢，做個零用錢帳簿也不錯。

現代社會越來越缺乏使用實際金錢的機會。大人們使用信用卡買東西，許多人也使用不需要現金的電子儲值卡進車站搭乘電車。這種方便性會讓父母的感覺麻痺，輕易地讓孩子擁有電子儲值卡。這些儲值卡的名義是前往補習班的交通費，但儲值的金額卻由家長負擔。孩子隨意使用也不會被罵，沒有找零也不會讓孩子認為自己正在花錢，這樣會讓孩子無法瞭解金錢的價值。

人本來就是要透過親眼看見、親手握住、使用、並因為為數不多的剩餘金額感到愕然，才能明白金錢的價值。金錢應該是具有實體的東西，但卻逐漸變成虛擬的東西了，這種傾向未來將會越來越顯著吧。

因此，請在孩子的國中時代，就讓他們切身體會貨幣經濟的實感吧！告訴孩子錢包變輕到底是怎麼回事，也是父母的義務。

如果孩子有想要的東西，就讓他們自己存下零用錢去買，培養孩子們儲蓄的觀念也是一件重要的事。

相反的，有些孩子存下壓歲錢而擁有大筆金錢。雖然孩子很容易認為壓歲錢是自己得到的錢，但因為父母也給了別人孩子同樣的錢，所以壓歲錢可以想成是家裡給孩子的錢。不要讓孩子擁有太多不必要的錢，請依照孩子的年齡大小，向孩子的爺爺和奶奶要求減少壓歲錢的金額，或是配合孩子得到的壓歲錢，減少他們每個月的零用錢，務求好好教育孩子的金錢觀念。

27 每天用溫柔的語氣誇獎孩子三十次

讓孩子得到自我肯定

超過九成的國中生和高中生，被父母責罵的次數多過誇獎的次數。

這時只要詢問這些父母：「你的孩子有那麼不好嗎？他們做的錯事有多到必須不斷被責罵嗎？」，就會得到：「沒這回事，我家孩子有很多優點，但還有一些小缺點，我罵他是為了讓他更好。」這樣的回答。

父母把原本應該誇獎孩子的時間用來責備孩子，想要在短期內改變孩子的缺點，這在哲學上就叫做思考經濟主義，父母想要有效率地養育出優秀的孩子。

孩子確實需要責罵，在他們犯錯或是犯罪時更是一定要責罵。不過，我

還是希望各位父母能夠每天誇獎孩子三十次。如果沒有誇獎孩子，他們就不曉得自己的優點在哪裡。

前人曾經說過：「孩子要先誇獎十次才能責罵一次」。先誇獎十次建立起父母與孩子之間的心橋，並讓他們擁有自我肯定的自信，然後才把那唯一的缺點改掉。這是非常重要的事。

就算沒辦法誇獎，也要用溫柔的語氣對孩子說話，不管是「謝謝你幫忙」還是「爸爸和媽媽無論何時都站在你這邊」都可以。

孩子接受到的愛情、聽到的夢想與希望越多，就能與過錯、犯罪與心病離得越遠；接受到的溫柔與愛情越深，過錯、犯罪與心病對他們的傷害就會越淺，孩子都在等待著父母的溫柔。

28 責罵之後一定要陪在孩子身邊

讓孩子實際感受到愛情

在我漫長的教職生活中，有一件令我引以為豪的事情，那就是我連一次都不曾罵過、打過孩子，也不曾對他們發怒或吼叫。

不過，我這麼做是有理由的。因為被我教到的孩子們，全都長期受到來自父母和老師等大人的打罵。如果這些不相信大人的孩子再次被我責備，他們就會認定「原來這個人也和其他大人沒有兩樣」。這樣就沒辦法與他們建立起正常關係，只會讓他們更加封閉自己的心，所以我從來不責備這些孩子。

當然，有時候還是必須責備孩子。當孩子做出不對的事情時，父母就必

¥630

須負起責任糾正他們。

不過，負起責罵孩子後的責任也非常重要。而父母負責的方式就是陪在孩子身邊。

大部份的情況下，罵完孩子後父母會陷入沉默，然後要求孩子反省自己。另一方面，「被父母責罵」這件事會讓孩子受到很大的打擊。

正因為如此，絕對不要罵完孩子後就置之不理。如果被罵的孩子躲在房間裡哭，就要在三十分鐘或一小時後對孩子說聲：「剛才爸媽說得太過分了。」主動與孩子和好並讓他們知道父母的關愛。

29 每週向孩子打聽一次他們在學校裡遇到的事情

讓孩子能夠說出自己想說的話

許多父母告訴我：「孩子總是閉口不語、什麼話都不願意說。」找我商量這個問題。不過，事情真的是這樣嗎？如果真是如此，難道不是因為家裡的氣氛讓孩子不想說出心事嗎？還有，難道不是父母把孩子逼迫到這種地步的嗎？

其實，現在有非常多的父母缺乏耐性。

為了讓父母更有耐性，平常在家就要每週撥出一天找時間聽孩子說話。我希望父母們可以聽孩子說些學校裡的事情、或是社團與朋友的事情，雖然升上國中的孩子話比較少，但還是會稍微回應一兩句話。

每個星期都重複做這件事情，就能讓父母更有耐性，孩子也會習慣面對

父母的氣氛，而更容易說出心裡話，這時候應該就能從孩子口中聽到許多事情了，孩子會變得能夠誠實說出自己現在的心情與想法。

還有，當學校裡發生類似霸凌的事件時，請不要隨便責罵孩子或是直接針對欺負人的孩子發火，而應該說聲：「發生什麼事了？告訴我。我等你說」，然後在孩子身旁等待他開口。

對孩子來說，被父母逼問反而會讓他們覺得輕鬆。如果父母用吵架的語氣說話，就算孩子自認有錯，也會大罵：「吵死人了，臭老太婆、臭老頭！」演變成父子吵架，讓孩子有了不說真話的藉口。還有，如果父母激動落淚，就算孩子自認沒錯，也會被逼得不得不道歉，這樣父母反而沒辦法知道真相了。如果不斷逼問孩子，孩子就會說些好聽話欺騙父母，這些謊言會讓雙方的關係不斷惡化。

對於孩子們來說，父母的沉默是最難受的事情。一旦父母不說話，孩子就沒辦法依照父母的話做出反應，只能從嘴裡說出反省自己的話。請試試看這個方法，孩子們將因此改變。

30 父母有錯時要乾脆地向孩子道歉

別讓孩子留下怨恨的心

教師時代我被學生們取了個「愛說對不起的水谷老師」的外號。因為大人也是人，所以同樣會犯錯，既然有糾正孩子錯誤的時候，當然也會有不小心誤解孩子的時候。不過，一旦發現自己誤解孩子，我一定會乾脆地向孩子說聲「對不起」認錯道歉。

可是，許多大人與父母都不願意向孩子說「對不起」。就算發現自己有錯也不肯道歉。也許他們認為道歉有損父母和大人的權威與威嚴，所以總是用一句「吵死了！」和發脾氣來掩飾自己的錯誤。

對自己的錯誤置之不理，並拿出父母的權威擺平問題，會讓孩子的心裡

產生對大人強烈的不信任感。許多在夜世界裡徘徊的孩子都說：「大人很卑鄙」、「絕對不承認自己的錯誤。反正大人就是偉大，反正錯的人永遠都是我們」這就是孩子的想法。

無法相信大人的孩子，該如何開創屬於自己的明天？遠離父母和大人的孩子是沒有未來的。

絕對不能在家庭中留下怨恨的心。有時候即使約好全家人在下次休假一起出去玩，也會因為工作上的需要而無法成行。這時，請向孩子說聲：「對不起，我下次會想辦法補償你們。」乾脆地道歉。孩子一定會體諒父母的難處。

能夠經常說出「對不起」的父母才能教出溫柔的好孩子。

31 珍惜全家人一起用餐的時間

強化家人之間的聯繫

你有和孩子一起共進早餐或晚餐嗎？

「因為晚上要加班所以不能回家吃飯，而且早上也沒時間慢慢吃早餐」這應該是大多數父母的答案吧，我非常瞭解各位的心情。

不吃早餐的孩子變得越來越多。每位家人也大多自行解決晚餐，有些家庭甚至還會讓孩子一個人吃便利商店的便當。

升上國中的孩子待在學校的時間會變多，所以他們能夠和家人在一起的時間，就只剩下假日和吃飯而已，請至少撥出時間陪孩子一起吃飯吧。

早上時可以全家人一起起床，然後一起準備早餐，就算只有荷包蛋與吐司也無所謂。讓全家人一起吃早餐並說著：「希望今天有個好天氣。」的家常話吧。

如果爸爸能夠在晚上七點左右回到家，就打通電話請孩子晚一點吃晚餐吧。爸爸可以親手做一道菜，或是買些孩子們喜歡的小菜回家，這樣就能加強家人之間的聯繫。

前些日子，我到大學時代的朋友家裡吃了頓晚飯，並在那裡看到令人驚訝的光景。

雖然是臨時過去拜訪，但因為已經許久沒見過面，所以我和朋友兩人聊了非常久。但是，同桌的朋友兒子與女兒卻忙著發送電子郵件，太太則熱心地看著電視上的諧星主持的猜謎節目，難道這個家裡的人完全不關心也不在意父親年輕時的故事嗎？

我有一個願望。我知道現在有許多人會同時進行兩件事情，像是一邊看電視一邊吃飯，或是一邊發送電子郵件一邊聽別人說話。不過，至少在用餐的時候應該避免這樣的行為。

因為吃飯是生存所不可或缺的神聖行為。請不要讓家人隨便看待這麼重要的用餐時間。為什麼不把餐桌變成家人對話的地方呢？讓家人們依序聊聊自己一天下來在公司或學校裡發生的事也不錯，這樣絕對能夠改善家人之間的關係。

32 父母要明確地表現出喜怒哀樂

訓練孩子表達感情

總是在生氣的孩子最近已經減少許多，取而代之的是，把「好難過」和「想死」這些話掛在嘴邊的孩子變多了。

另一方面，沒辦法明確表達喜怒哀樂的孩子也變多了。一旦壓抑著喜怒哀樂的感情並累積在心裡，心靈就會變得殘破不堪。日本從一九八〇年代後期便開始流行「抓狂」這句話。這句話的意思是說，一旦在人際關係上不斷忍耐並超出極限，累積的不滿就會一次爆發並變成激烈的怒火。

人應該在抓狂之前明確表達自己的感情。我希望父母們都能以身作則，教孩子如何具體表達自己的喜怒哀樂。

當孩子做對事情時，請誠實說出：「做得好，媽媽很高興喔！」並表達自己的喜悅。還有，當父親在公司裡晉升時，也請告訴孩子：「今天我們

去吃大餐吧！」全家人一起分享喜悅。

還有，表達憤怒的對象並不僅限於人類。比如說，在新聞裡看到孩子在戰爭中死亡的報導時，也可以說出：「世界上不應該發生這種讓孩子無辜犧牲的戰爭。」讓孩子看看你憤怒的樣子，培養愛好和平的觀念。

在得知有孩子因為意外而犧牲時，可以表達你的哀傷。還有，看到孩子偷東西或犯罪的報導時，也可以藉機告訴你的孩子：「真可憐，不知道是什麼原因害這孩子不得不做出這種事？不過不管有什麼理由，犯罪都是不對的。」這是讓孩子明白正義這個觀念的好機會。

表達歡樂也是很重要的事，請讓孩子們看看你打從心底享受家庭旅行的樣子吧。

能夠經常表現出喜悅的人，也一定能夠表達自己的憤怒。能夠經常表現出哀傷的人，也一定能夠得到一樣多的歡樂。人生總是會遇到高潮和低潮，所以才必須一邊表達不同的感情一邊品味人生。

33 把孩子介紹給自己朋友

帶孩子學習各種生活方式

我有一件事要拜託各位父母。

不管是在自己家或朋友家，還是家庭餐廳裡都可以，請務必找機會與朋友們聚餐或舉辦家庭派對，然後帶著你的孩子出席。另外，舉辦攜眷參加的高中或大學同學會也不錯，多讓孩子們看看父母的朋友們所生活的世界。

現今的日本，孩子們平常接觸得到的大人就只有父母和老師而已。這種縱向的人際關係變得非常狹窄，學校裡的學長學弟關係變得稀薄，而且不同年齡層的人更是變得毫無關聯。

這樣的環境下，便出現了一些對孩子圖謀不軌的大人，那就是夜世界裡的居民。他們會說：「我給你零用錢，我們一起去玩吧」、「我們去唱卡

拉OK」這種話，用金錢引誘孩子。如果看到十多歲的男孩子在街上閒晃，就會用：「我請你喝飲料，大家交個朋友吧！」這樣的話接近孩子，然後把孩子吸收進不良幫派或是不法集團中。孩子們之所以沒有辨別大人的眼光，都是因為缺乏關於大人的知識。

如果把孩子帶進父母的聚會，就能讓孩子接觸到各種年齡層的人，也能拓展他們的人際關係。

請多帶孩子認識大人。

孩子接觸過的大人越多，就能學到越多東西，成長為出色的大人。所謂出色的大人，就是每天努力過活的認真大人。如果接觸到的墮落大人越多，孩子就會變得鄙視大人，而進入墮落的世界。

人是孩子最好的教材，學習別人的生活方式，就是最容易幫孩子們培養出自我的方法。

34 挑個早上帶孩子到夜晚的繁華街

讓孩子看清虛構的世界

問問自己的孩子：

「夜巡老師說夜世界是黯淡無光的黑暗世界，你覺得對嗎？」

如果孩子回答：「才不是這樣，夜世界非常繁華又迷人。」的話，就在週六或週日的早上八點或九點帶全家人一起去實際參觀吧。

請讓孩子看看著名的繁華街暴露在早晨陽光下的樣子。在早上便不用擔心家人安全，夜生活的街道也無法欺騙白天的太陽。只要實際去到那種地方，孩子就會立刻明白，晚上看起來光彩奪目的店家看板與裝飾，其實只是畫上圖案的骯髒合板，以及裝上電燈與霓虹燈的便宜塑膠板。還有，在夜晚時華麗絢爛的街道，到了早上就只剩下遍地的垃圾、蟑螂、老鼠和嘔吐物而已。

這時你不妨再次問問孩子：

「你想要在這種地方生活嗎？」

父母的責任與教育方式並不是只有帶孩子欣賞美好的事物，還必須帶孩子們見識醜陋的事物與社會的真實樣貌，告訴孩子外表光鮮亮麗的夜世界，只是虛假的世界也是父母的一項責任。

35 利用家族旅行讓孩子體驗歷史與文化

讓孩子的心更柔和

有許多家庭會在暑假或寒假時全家出門去旅行，這是全家人難得一起出門的機會。如果孩子已經升上國中，何不帶著他們來一次學習歷史與文化的旅行呢？

請務必讓孩子們體驗自己民族的歷史與一脈相承的文化。透過自己的眼睛觀察，親手碰觸課本照片上的建築物，和上課時講授的歷史，對孩子而言具有非常重大的意義。

不過，如果只是由父母帶著孩子參觀並單方面做說明，就太浪費這難得的機會了，請務必讓孩子參與規劃行程的工作。全家人可以在成行之前，

一起翻閱旅遊書籍並合力調查目的地的地方歷史、環境與氣候。

抵達當地時可以和孩子一起邊散心邊學習，回家後也可以全家人一起製作原創的觀光手冊。不要只貼上照片，還要寫上孩子們在旅途中的感想與感興趣的事物。

全家人一起接觸歷史與文化是孩子最好的學習機會。然後，這種優閒的生活情趣還能提升家庭的教養，而教養會讓人的心靈變得更柔和。

第四部

孩子升上高中以後

36 決定家裡的門限

保護孩子遠離夜遊的誘惑

一旦升上高中，會去夜遊的孩子就會增加，因為孩子們總是嚮往夜晚的世界。可是，有許多不好的大人正在夜晚的世界中，摩拳擦掌等待他們。

請一定要為家裡設下門限。家裡設定門限，對孩子來說是理所當然的事情。

日本各地的地方自治團體，都為了保護青少年與整頓孩子們的成長環境，分別制定了青少年保護育成條例，其中大多都包含「未滿十八歲的青少年，不得在沒有保護者陪同的情況下，於晚上十一點到凌晨四點之間走在街上」這樣的規定。因此，凡是在這段時間外出行動的孩子，都會被抓去輔導。因為這是違法的行為，而法律是為了保護我們而存在的，既然法律保護著我們，那我們也應該遵守法律才對。

依照這個條例的規定，未滿十八歲的孩子最晚一定要在晚上十一點之前回到家裡。因此，家裡的門限可以訂在提早一小時的晚上十點，門限必須是一年三百六十五天都絕對要嚴格遵守的規定。不管有什麼理由都不應該讓孩子在晚上出門，就算是文化祭、體育季或跨年活動也不例外。讓孩子告訴別人：「我爸媽很囉唆，我不回家他們會生氣。」反倒正好。

如果孩子無論如何都必須在晚上出門，父親或母親就要陪他們一起去。這個規定只要被破壞一次，家裡的其他規定也會逐漸被破壞。

如果孩子沒有遵守門限，就全家人坐在玄關等他回來。孩子回家後別急著罵他，要先說：「你終於回家了，爸爸放心了。桌上有好吃的東西在等你，浴室裡也放好熱水了。」就算是處於反抗期的孩子，受到這種對待以後也不會再去夜遊。為人父母不應該遇到事情就劈頭責罵，反而應該擁有相信並等待孩子的包容心。

37 找時間讓孩子幫自己上課

提升孩子的學習能力

如果孩子升上高中，就找時間讓孩子幫自己上課吧。因為高中的課程內容較為困難，所以父母有可能會跟不上進度。不管是每週一天還是兩週一天都可以，請讓孩子擔任家庭教師，上一門父母想學的課或是孩子擅長的課。

因為教別人東西的人必須事先學習更多東西，所以這會讓孩子變得更用功。還有，能夠幫父母上課會讓孩子感到非常開心。這也會讓親子之間的關係加深許多。

日本人的一大缺點就是，絕大多數人從學校畢業後便停止學習。就算肯拼命學習與工作有關的知識或技能，也不會閱讀用來豐富一般知識的書。

不過，變成大人後重新開始學習，就能迅速理解以前就讀高中時看不懂

的課本內容。然後，你還會從中發現許多必須累積人生經驗後，才能明白的道理，而這會成為豐富日常生活並思考人生的基礎，高等教育中所包含的內容就是如此重要。

另外，不但可以請孩子為自己上課，有時候還可以全家人一起當老師互相指導，也就是全家人一起決定一個主題並共同學習。如果要研究巴勒斯坦問題，就可以請爸爸負責調查巴勒斯坦，請媽媽負責調查伊斯蘭國家，請孩子向學校老師請教第一次到第四次中東戰爭的各種問題，然後大家互相發表成果。

全家人經常一起上課學習，才是最理想的家庭樣貌。

38 全家人一起討論時事

教孩子如何判斷事情

你曾經和家人談論發生在全世界或國內的社會現象嗎？我想絕大多數的家庭應該都沒有這種經驗。

我們活在社會上最重要的一件事情之一，就是能夠從各種角度來觀看同一件事情，我認為家庭有義務幫助孩子練就觀察和判斷社會情勢的能力。父母們應該都是在人生過程裡，自然而然學會如何去判斷的，請讓孩子見識這樣的能力吧。

時事問題必須在事情發生的當下討論才有意義。當下發生的事件或政經情勢，絕對不是與孩子們毫無瓜葛的事情，因為孩子們現在就生活在這樣的世界之中。知道這些事情才能建立起孩子和世界之間的關係，並讓孩子成為社會的一員。父母可以負責建立討論的環境，而最好的討論時機就是

Alitalia survives – for now
short-term future Page 18
TIMES
rebuff main pa

吃晚餐的時候。

報紙裡有許多共通的話題。報紙是廉價但豐富的新知寶庫，也是培養觀察力、判斷力與教養的學校，也就是一本萬能的書。就算只有一份也行，請養成全家人一起閱讀報紙的習慣。

雖然有時候會因為混亂的國際情勢而憂慮、因為迷走的政局而憤怒、因為悲慘的事件而流淚，但我還是希望父母能夠向孩子闡述自己的觀點。如果是高中的孩子，一定也會主動加入討論。

39 讓孩子每週負責準備一次晚飯

培養孩子的家事能力

現在有許多孩子都過著「貴族」般的生活。不管是洗碗還是煮飯，身旁的大小事情全都交由父母解決。但是你可曾想過，這會剝奪孩子們多少的生活能力嗎？這樣是不行的。

為了讓孩子有身為家庭一份子的自覺，請讓家裡的男孩和女孩每週幫忙做一次家事。

還有，孩子們總有一天必須出社會。在他們獨立自主之前，我希望父母親能夠趁孩子高中畢業之前，教導孩子處理基本的家事。不管是星期六下午還是晚上都可以，請讓孩子幫忙洗全家人的衣服並拿去曬乾，也可以讓他們打掃廚房，把微波爐旁邊和流理台擦乾淨，讓他們打掃自家周圍的環境也行。除此之外，請一定要叫他們打掃廁所。

其中又以煮飯最為重要。父母們請務必傳授洗米煮飯的方法，或是家常菜的食譜與秘方給孩子。

然後每週讓孩子們負責下一次廚。最好是讓他們煮晚餐。不管是男孩還是女孩，都要讓他們在負責煮晚餐那天提早回家思考菜色，去買菜並為全家人做菜。如果全家人能夠一起和氣靄靄地吃這頓飯，家人之間的對話肯定會比平常更愉快。

40 難過時就尋求孩子的意見

加強家人之間的羈絆

在我收到的諮詢郵件中，有許多類似「媽媽總是一臉難過地低著頭」、「爸媽經常竊竊私語。到底是怎麼了？真令人擔心」這樣的內容。也許是和日本人父母的特性有關，他們總認為默默忍耐是種美德，但是真正好的父母並不會讓孩子看到自己難過的樣子。

就父母的角度來看，他們可能是不希望害孩子一起操心，打算藉由自我忍耐來保護孩子，但如果孩子已經升上高中，就必須告訴孩子一些事情。光是忍耐不見得對孩子是件好事，光是隱瞞也不見得對孩子是件好事。不讓孩子知道家裡的情況，其實會傷到孩子們的心。他們也會觀察父母的情況並暗自擔心。然後，孩子可能會認為「爸媽覺得我不可靠」，最極端的情況就是讓孩子誤會「爸媽根本就不在乎我」，越是溫柔的好孩子就越容

易有這種想法。

既然孩子也是家庭中的一份子，請根據父母的判斷，讓他們好好地參與全家人的煩惱吧。可以讓孩子們聽聽父母的痛苦、哀傷與煩惱。

在這樣的過程中，孩子會變得能夠理解家人的痛苦與父母的心情，這時就會一口氣加深家人之間的感情。

41 讓孩子知道自己家裡的經濟狀況

讓孩子懂得珍惜金錢

目前大學生、社會新鮮人與從事派遣工作的人之中，破產的人變得非常多。這是因為日本的貨幣經濟，已經轉型成以信用卡和電子儲值卡付費的模式了，因此人們不瞭解金錢的可貴，忘記了缺少一元就不能買東西的道理。

這不是學校教育能夠輕鬆教會孩子的事情，也不是能夠自然學會的事情。為了讓孩子在獨立自主後不會出問題，就要趁著他們就讀高中時，透過讓孩子瞭解家計來學會珍惜金錢，這也是為人父母的義務，而且孩子也有知道家裡經濟狀況的權利。

請毫無隱瞞地告訴孩子自己家裡的經濟狀況，包括父親與母親的薪水收入加起來有多少，而其中又用了多少錢在孩子的教育費、家人的零用錢、

伙食費、電費、水費、瓦斯費、電話費與各項雜支，還有每個月花多少錢繳交房子和車子的貸款等等。

然後還應該告訴孩子父親公司的狀況，讓他們了解家裡每個月的收支。此時，越是溫柔的孩子就越會為父母著想，說不定孩子會準備直接出社會工作而不去讀大學。這種時候，就要對孩子說明可以辦理學貸的公家機關，並表示父親願意全力支持孩子就學的意願讓他們放心。

如果孩子說要去打工，而且不是要賺錢去玩，而是要拿來補貼家用的話，就允許他們去吧！這樣子賺來的錢具有不一樣的重量。

順帶一提，請記得告訴孩子打工的各種陷阱。

其實現在有不少已經被公司錄取的大學生，突然被取消內定的職位，其原因就是他們身上的負債。某間信用卡公司為了讓人申請信用卡，而用貸款借錢給還在打工的大學生，結果幾個月後無法還錢的大學生就被列入黑名單，害他無法在公司指定的銀行開戶。現在就是會因為被列入黑名單而讓人生破滅的時代，請不要讓孩子隨便貸款。

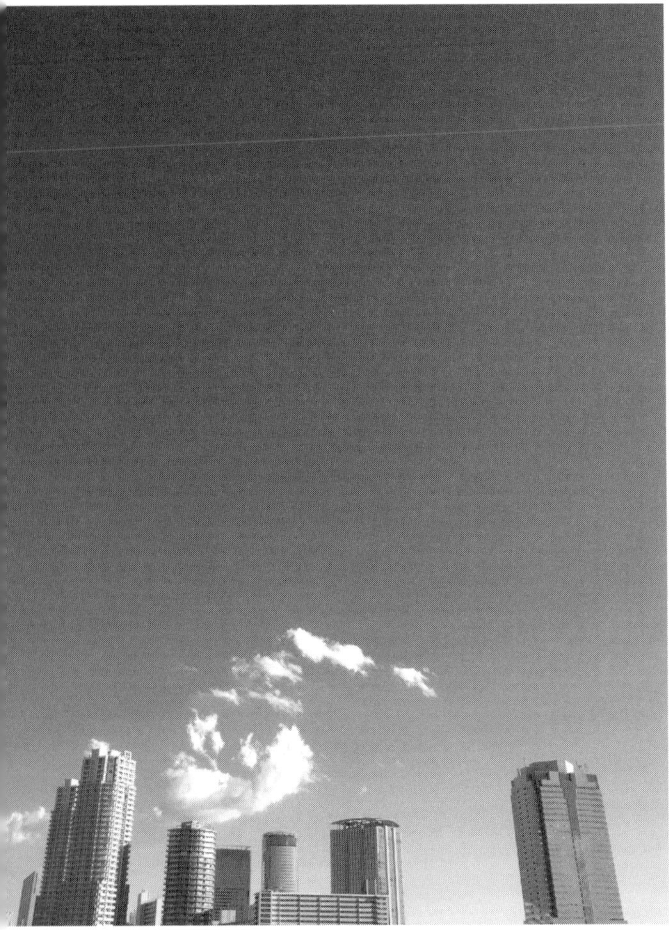

42 教孩子辦理公事的手續

讓孩子理解社會規則

我在夜校擔任教師時，曾經因為一件事情感到驚訝。夜校裡的有些孩子已經滿二十歲了，其中一人打算用賺來的錢買一輛車。然後，雖然他知道必須準備好印鑑證明與印鑑章，但卻不知道還要做些什麼事情跑來找我商量。

身為一位社會科老師，我馬上想到的事情就是「糟糕了」，為什麼我沒有在一年級時就教學生印鑑章與印鑑證明的功用呢？

只要前往戶政事務所，就能辦理出生證明、轉出證明、轉入證明、結婚證明、離婚證明、死亡證明等各式各樣的文件。雖然這些事情應該由學校負責教導孩子，但我希望父母也能教孩子處理這些事務。

現在這個時代，孩子從學校入學、畢業到升學等手續，經常是由父母代為處理。就連孩子離開父母獨居時的相關手續，也都是由父母處理可是這會造成孩子變成不諳社會規則的大人。

請教導孩子獨立自主生活所需要的知識，與實際辦事時的手續，例如申請戶口名簿的方法和費用、以及租房子時需要準備哪些文件等等。然後盡可能讓身為當事人的孩子去處理這些事情，父母只要作為保護者從旁協助就好。請各位父母親自告訴孩子，印鑑章與私章的差別、為什麼不能隨便把印鑑章交給別人、以及交給別人會帶來什麼樣的危險。

43 絕對不要把父母的理想強加在孩子身上

讓孩子決定自己的人生

我經常在高中的家長會談中說這些話：

「各位曾經因為考試的分數責罵過孩子嗎？是不是曾經要求孩子必須考上哪所大學呢？我無法原諒這樣的父母。想不想現在做看看所有的考題？在座的各位到底能夠得到幾分？每個孩子都已經努力過了。」

明明父母自己也辦不到，卻總是說著：「你考幾分？在班上第幾名？」這種話給孩子施加壓力，想要逼孩子考到更高的分數。

孩子擁有無限多的可能性。學校教育用分數來判斷的體能、技術、知識和能力，只不過是其中的一小部份，但父母卻只就這個部份來判斷孩子是

否優秀，所以當然會教出被認為是吊車尾的孩子們。

真正的教育和養育孩子的原點，應該是把好書和好人擺在孩子身旁，然後給予孩子接觸到好老師與好學校的機會，從旁協助孩子自然成長發展才對。父母必須在孩子所擁有的無限可能性之中，找出只屬於那孩子的真正才華，然後在一旁等待孩子的才能開花結果。

失去這種包容心的父母會把孩子逼上絕路，其實最近在名校和升學學校裡的割腕事件也增加了許多。孩子因為無法回應父母過高的期待，而責備自己並傷害自己的身體，這種事情本來是不應該發生的。

孩子的人生並不是父母的東西，而是孩子自己的東西，孩子的人生必須由孩子自己決定才行。

請你想想看，認定自己孩子必須過著什麼樣的人生才算幸福，然後由父母為孩子鋪好該走的路，這對孩子來說真的算是幸福嗎？如果孩子的人生失敗了又要由誰來負責呢？

把父母的理想強加在孩子身上、逼孩子完成自己辦不到的事情，根本就是愚不可及的想法，而且還是最慘忍的虐待，這是絕對不能做的事情。

第五部

孩子引發問題時

44 不要獨自煩惱，可以多找別人商量

防止問題再次發生

當自己的孩子偷東西、被人欺負、傷害別人、染上毒品、出賣身體或是引發各式各樣的問題時，有非常多的父母選擇獨自抱著煩惱並隱瞞問題。雖然我能理解他們的心情，但這樣絕對幫不了孩子，反而會害了他們。最好的做法應該是反過來盡量把事情鬧大，因為周遭的人都瞭解問題，才能防止問題再次發生。

其實孩子們引發問題的最大原因，來自於家庭和父母。父母不可能完美無缺，人一定會有缺點。不過在大多數的情況下，大人通常都不打算改變自己的缺點。

為了注意到自己的缺點並做出改變，就需要有第三者的介入。老家的爺爺和奶奶也行、朋友或學校裡的老師也行、家庭法院、地方自治團體的教育委員會、兒童福利機構和衛生所等單位裡的諮詢師也可以，總之請多找一些人商量問題並虛心討教。

比如說，當孩子偷東西時，只有打罵是無法解決問題的。只有透過第三者問出孩子偷東西的原因，才能找出父母本身的問題。然後，如果父母能夠做出改善，家人之間的問題通常都能夠順利解決。

孩子偷東西案例裡的父母可以大致

分為三種類型。

第一種父母會說：「只要付錢就行了吧！」這種父母無藥可救，他們的孩子還是會再次犯下同樣的錯。

第二種父母會親赴現場拉著孩子道歉並要求：「真對不起，請不要報警！」然後回到家裡罵孩子：「看你做了什麼好事！」這種父母的孩子也會再次犯下同樣的錯。

第三種父母會說：「如果要處罰就處罰我吧。我們到警察局去，我會負責賠償。」這種父母的孩子不會再次犯錯，因為孩子會發現自己做了非常嚴重的事情。

把事情鬧大之後，也許會有人說出「那孩子是小偷」這種話並歧視孩子。雖然這對於孩子與父母來說會非常難受，但既然錯誤已經發生，就只能好好償還自己的罪過，忍耐也是一種贖罪。這樣一來，孩子就不會再次犯下同樣的過錯。

如果抱著大事化小、小事化無的心態處理或隱瞞過錯，孩子就會變得越來越偏差，父母絕對不可以抱著姑息的想法幫孩子們擦屁股。

我經常拜託父母們「請不要只是裝出為人父母的樣子」，而絕大多數的父母們都只是一笑置之。但是，絕對不是只有把孩子生下來就算是為人父母。而是要用溫暖與愛情養育孩子，讓孩子親口說出：「我能當媽媽的孩子真是太好了，謝謝妳把我生下來。」父母才第一次成為真正的父母。不努力就無法成為好父母。我希望父母親不要停下腳步，而應該隨著孩子一起成長。

當孩子引發問題時反而是個機會，父母的改變將會改變整個家庭。然後，當孩子為自己贖罪時，父母一定要陪在他們身旁，這難道不是父母應該要有的樣子嗎？

45 全家人一起思考家庭的問題

養育孩子最重要的就是意外性

在孩子抱持著問題的情況下，絕大多數案例裡的父母與孩子之間都存在著矛盾。

比如說，當自己孩子不願意上學時，母親可能會說：「你今天可以在家裡休息。」並允許孩子的行為，但父親卻可能說：「你在想什麼？趕快給我去學校！」這種話表示反對。

這種時候就必須全家人一起坐下來思考。「大家來談談吧。」父親有責任帶頭說出這句話。請全家人圍坐在桌旁，一邊喝茶一邊聆聽身為當事人的孩子說出自己的想法。父母必須一邊聆聽孩子的話，一邊慢慢陳述自己的想法。不要憑著一時的感情說出：「不去上學連一點好處都沒有。」這種話，而是要把自己的想法逐一搬到檯面上，大家只能針對想法表示意見，

絕對不要演變成對人不對事的口角或爭論。把各種想法擺到檯面上的過程中，孩子就會變得能夠從各種角度思考事情。

請不要想在一天之內解決問題，而是要不斷找時間溝通到孩子明白為止。只要全家人每天吃完晚餐後從晚上九點談到半夜，幾乎所有的孩子都會受不了並說出：「我還是回去上學好了。」一這種話乖乖屈服，而這就是教育。

在夜晚的街道上遇見的孩子們，都會不自覺地警戒著我要說的話，所以我才會先告訴他們：「沒關係。」孩子們會因此立刻放下戒心並思考「這個人到底是怎麼回事？」這時我才會開口詢問：「怎麼了？你為什麼會在這種地方呢？因為寂寞嗎？」

不管是養育孩子還是教育，意外性都是最重要的東西。就算說些孩子料想得到的話，也沒有辦法打動孩子的心。

當孩子們不願意上學或逐漸學壞的時候會出現一種模式，期望身為當事人的父母打破這種模式是非常困難的。正因為如此，所以父母也要跟著學習才對。請老實地詢問孩子：「告訴我，爸爸有哪裡做得不好嗎？還是媽媽做錯了什麼呢？」

46 把家裡整理乾淨

雜亂的房間會讓孩子失去秩序

雖然這是教師時代的例行公事，但我現在依然會到引發問題的孩子們家裡去做家庭訪問。

這些孩子的家庭的一項共通點，就是家裡非常雜亂。房間中積滿灰塵，到處都堆滿垃圾，看看流理台就會發現裡面擺著沒洗的餐具和吃完的泡麵容器。

這樣雜亂的環境會讓孩子的心失去秩序，而培養出隨便的孩子。

不管是父母還是孩子，都必須養成全家人一起整理居家環境的習慣。只有在孩子的生活態度變差，或是引起問題時父母才會明白，就是因為沒有多餘的心力注意自己身邊的事情，所以孩子才會把自己的房間搞得一團亂。

孩子引發問題時反而是個機會，可以趁機丟掉孩子房間裡的遊樂器、遊戲軟體或雜誌等東西，然後把房間打掃乾淨。讓孩子從整潔清爽的家裡重新出發吧。

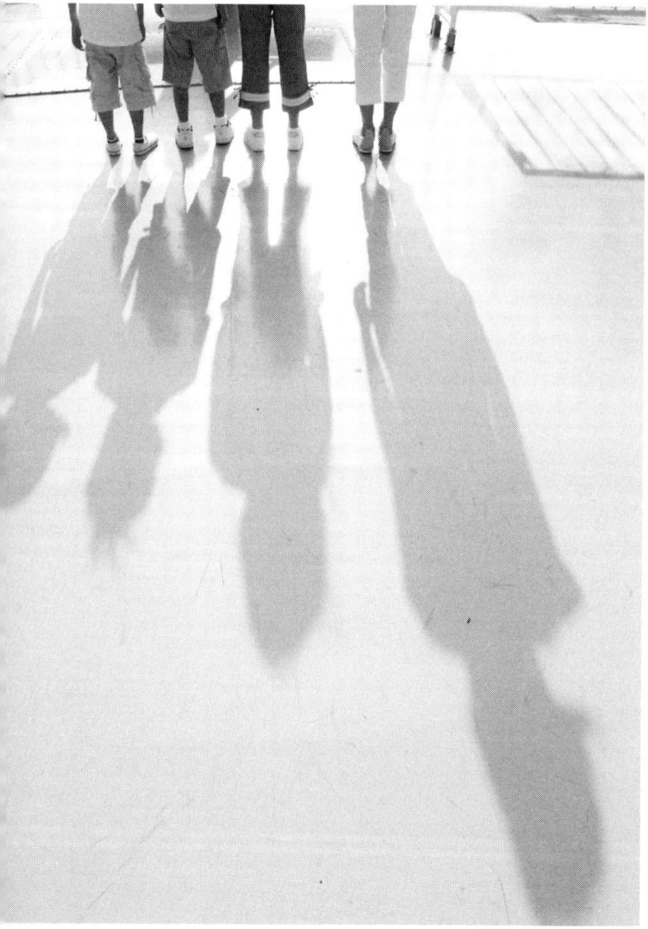

47 孩子做的事情責任一定要由父母來扛

為人父母是一輩子的工作

如果孩子引發了問題，他們當然必須償還自己的過錯。

但是，孩子所做的事情的所有責任都在父母身上。雖然這樣說有些嚴厲，但是如果孩子犯罪了，其責任就必須要由父母扛下，而這個責任就是父母必須找出自己的問題，然後改善問題並陪伴孩子。

有一句話說：「孩子是父母的鏡子」，孩子之所以會出現問題，就表示父母一定也有問題。如果不能明白這個道理，就沒辦法解決孩子的問題。

為人父母是一輩子的工作，一旦做了就無法辭退。而且只有這個工作絕對不允許失敗，因為我們培育的孩子是與自己血脈相連的新生命。

我希望各位父母都能明白這個道理。

48 不要悶在家裡，全家人一起走向自然

讓家庭重生

如果你因為孩子的問題而煩惱難過，就帶著全家人一起到戶外走走吧。絕對不要閉門不出。

一旦人們引發問題或是事件，很容易越來越封閉自己，因此我們必須反過來排除這樣的心理並走到戶外。請在假日時讓全家人一起置身於大自然之中吧！前往附近的山上或運動公園，然後散步到身體疲累不堪為止，這樣一定可以改變孩子。

在北海道的某一間高中，新生必須在秋季時，參加與家人一起散步整晚的活動。剛開始的時候，孩子們大多都會抱怨：「為什麼我們非得做這種事情不可？」父母們也會表達不滿。不過，當眾人走了整晚迎接早晨時，孩子與父母都會露出很棒的表情，有許多家庭就是因為這樣而重獲新生。

我們人類是從大自然裡誕生，所以只要身處在大自然中，就會讓心靈得到感動，並感受到真正的療效。我希望大家都能有這樣的閒情逸致。各位父母是不是應該想辦法挪出這樣的時間呢？

49 不管發生什麼事都要原諒自己孩子

孩子的罪過就是父母的罪過

如果自己的孩子哭泣，父母當然有責任。因此，如果自己孩子犯罪或引發問題，當然也是父母的罪過。

一旦生下孩子，我們就無法逃避為人父母的這份工作，必須做好一輩子為人父母的心理準備才行，這是我們絕對不能忘記的事情。

然後，請原諒你的孩子。既然為人父母，就請千萬不要放棄自己孩子。因為不管抱持著什麼樣的問題或做了什麼天大的錯事，自己孩子依然是自己的孩子。親子之間的深厚牽絆，在死亡或互相理解之前，是一輩子都無法解開的。

50 父母要擁有等待的勇氣

為了讓孩子重新開始

孩子們都拼命地過著自己的人生。

我從來不曾對孩子們說過「加油」和「自己想想」這種話。我無法對孩子們說出如此失禮的話。不管是用功讀書的孩子、每天夜遊的孩子、還是割腕自殺的孩子，全都對抗著無形的壓力並努力地過活。

要孩子「自己想想」是最過分的一句話，這句話的意思就是：「你什麼事都不曾好好想過」。但世界上根本就沒有什麼事都不曾想過的孩子，他們全都以自己微薄的知識拼命思考著人生。

所以我從來不說「加油」和「自己想想」這種話。取而代之的是，我會陪在孩子身旁。只要多給孩子一些接觸好人和美好事物的機會，孩子們就會自然而然的成長茁壯，父母的任務就是給孩子這些東西並等待孩子。

比如說，從十五歲開始夜遊的孩子，就擁有十五年的人生經歷。從十四歲開始拒絕上學的孩子，也累積了十四年的人生。他們不可能在一天或兩天之內就改變。

如果發現孩子沒有教好，就必須把孩子當成零歲的孩子重新教起。如果孩子已經十四歲了，就必須重新教到他二十八歲為止，這才是教養孩子的真正做法。實際上並不需要花這麼長的時間，就能讓孩子們慢慢改變。

人生相當漫長，請不要因為吝惜於在七十年、八十年、九十年的人生中多耗費區區三、四年的時間而把孩子們逼上絕路，甚至造成更嚴重的狀況，請原諒並相信孩子。然後，如果能夠靜靜等待孩子，孩子也一定會好好地面對父母。

願意等待的父母才是最好的父母。請擁有等待孩子的勇氣與一顆寬裕的心。

後記

距今十九年前，我任職於橫濱一所擁有八百位學生的全國最大夜校，當時的夜校情況是非常惡劣的。

因此，我為了與不到教室上課和擾亂課堂的孩子們建立人際關係開始夜巡。

此後，每到週末我就會走在日本各地的夜晚街道上，然後與被我稱作「夜不歸宿的孩子」——在夜晚的街道上不斷犯罪的許多孩子互相扶持走了過來。

後來，我在九年前認識了一位割腕自殺的高中生。然後我開始接觸到割腕自殺與名為憂鬱症的種種心病。

此時的我非常驚訝。我發現，就在我與夜不歸宿的孩子們互相扶持勉勵的時候，竟然有許多孩子，躲在昏暗的房間裡迷失未來的方向、傷害自己並走向死亡的懷抱。我稱呼他們是「夜不眠的孩子」。

大約六年半以前，我公佈自己個人的郵件信箱與家裡的電話號碼，開始接受這些孩子的生命電話諮詢。在這段期間裡，我與超過一萬名夜不歸宿的孩子，及超過二十萬名的夜不眠的孩子一起走了過來。

過程中，我曾經想過，如果這些孩子在幼年時、小學、國中、高中的時候，有受到父母好好養育，他們是不是就不會變成現在這樣了呢？與這些孩子們接觸的過程中，我深切地感受到家庭教育的重要性，以及在學校裡與孩子們相處的重要性。

請想想看，小嬰兒剛出生的時候，他們可曾想過「我將來要讓父母哭泣」、「我要欺負別人」、「我要傷害別人並殺死他」、「我將來要出賣自己身體」、「我要吸毒」、「我要割腕」、「我要自殺」嗎？根本不會有這樣的小嬰兒。每個孩子應該都是睜著水汪汪的大眼睛，想著：「爸爸、媽媽，謝謝你們把我生下來，要讓我幸福喔」，帶著一顆潔白無瑕的心出生的。

害這些孩子變得惡劣，還把他們趕到夜晚的世界裡，甚至逼得他們了斷自己生命的人到底是誰呢？

我認為那就是我們這些大人，以及我們的社會風氣。

我衷心希望讀過本書的各位父母與老師：都能夠溫柔地對待這些孩子。

光把孩子生下來不算是為人父母

只有當孩子親口說出：

「我能被生下來真是太好了！」

父母才第一次成為真正的父母

國家圖書館出版品預行編目資料

不失敗父母：日本第一名師水谷修的50句教養真心話 / 水谷修著；廖文斌譯.
--臺北市 ： 文經社，2013.07
面 ： 公分. --（文經文庫；A303）

ISBN 978-957-663-697-4 （平裝）
1.親職教育 2.家庭教育

528.2 102010662

文經社網址 www.cosmax.com.tw/
www.facebook.com/cosmax.co 或「博客來網路書店」查詢文經社。

文經文庫 A303

不失敗父母

日本第一名師水谷修的50句教養真心話

著作人 水谷修
譯者 廖文斌
發行人 趙元美
社長 吳榮斌
企劃編輯 高佩琳
美術編輯 龔貞亦
內文圖片來源 達志影像/提供授權
出版者 文經出版社有限公司
登記證 新聞局局版台業字第2424號
<總社．編輯部>
社址 10485 台北市建國北路二段66號11樓之一（文經大樓）
電話 (02) 2517-6688
傳真 (02) 2515-3368
E-mail cosmax.pub@msa.hinet.net
<業務部>
地址 24158 新北市三重區光復路一段61巷27號11樓A（鴻運大樓）
電話 (02) 2278-3158. (02) 2278-2563
傳真 (02) 2278-3168
E-mail cosmax27@ms76.hinet.net
郵撥帳號 05088806 文經出版社有限公司
新加坡總代理 Novum Organum Publishing House Pte Ltd. TEL:65-6462-6141
馬來西亞總代理 Novum Organum Publishing House (M) Sdn. Bhd. TEL:603-9179-6333
印刷所 松霖彩色印刷有限公司
法律顧問 鄭玉燦律師
定價 230元
發行日 2013年 7月 第一版 第一刷